BEI GRIN MACHT SICH IHR WISSEN BEZAHLT

Sebastian Hüttl

Referat zum Thema: "Widerstand gegen den National-sozialismus"

Zwischen Leben retten und Leben riskieren

GRIN Verlag

Bibliografische Information der Deutschen Nationalbibliothek:

Die Deutsche Bibliothek verzeichnet diese Publikation in der Deutschen National-
bibliografie; detaillierte bibliografische Daten sind im Internet über http://dnb.d-
nb.de/ abrufbar.

Dieses Werk sowie alle darin enthaltenen einzelnen Beiträge und Abbildungen
sind urheberrechtlich geschützt. Jede Verwertung, die nicht ausdrücklich vom
Urheberrechtsschutz zugelassen ist, bedarf der vorherigen Zustimmung des Verla-
ges. Das gilt insbesondere für Vervielfältigungen, Bearbeitungen, Übersetzungen,
Mikroverfilmungen, Auswertungen durch Datenbanken und für die Einspeicherung
und Verarbeitung in elektronische Systeme. Alle Rechte, auch die des auszugsweisen
Nachdrucks, der fotomechanischen Wiedergabe (einschließlich Mikrokopie) sowie
der Auswertung durch Datenbanken oder ähnliche Einrichtungen, vorbehalten.

Impressum:

Copyright © 2010 GRIN Verlag, Open Publishing GmbH
Druck und Bindung: Books on Demand GmbH, Norderstedt Germany
ISBN: 978-3-640-95919-8

Dieses Buch bei GRIN:

http://www.grin.com/de/e-book/172505/referat-zum-thema-widerstand-gegen-den-
nationalsozialismus

GRIN - Your knowledge has value

Der GRIN Verlag publiziert seit 1998 wissenschaftliche Arbeiten von Studenten, Hochschullehrern und anderen Akademikern als eBook und gedrucktes Buch. Die Verlagswebsite www.grin.com ist die ideale Plattform zur Veröffentlichung von Hausarbeiten, Abschlussarbeiten, wissenschaftlichen Aufsätzen, Dissertationen und Fachbüchern.

Besuchen Sie uns im Internet:

http://www.grin.com/

http://www.facebook.com/grincom

http://www.twitter.com/grin_com

Widerstand gegen den Nationalsozialismus

Zwischen Leben retten und Leben riskieren

Inhaltsverzeichnis

1. Einleitung:

„In einem Land, in dem man Bücher verbrennt, verbrennt man am Ende auch Menschen" [1], dies ist ein Zitat von Heinrich Heine, einem der bedeuteten Autoren und Schriftstellern in Deutschland mit jüdischen Wurzeln. Das Zitat zeigt, dass eben nicht nur Juden in ihrer Geschichte unerwünscht waren, sondern auch Intellektuelle, die einem Regime gefährlich werden könnten. Sie stehen oftmals kritisch gesellschaftlichen Zuständen gegenüber, doch solche Kritik war zur Zeit der nationalsozialistischen Diktatur in Deutschland absolut unerwünscht. Die Gefahr beseitigte man, indem man sie ihrer Waffen entledigt, den Büchern, und letztendlich verbrannte man auch sie aus purem Hass, da durch ihren kritischen Ideen die ganzen Vorhaben des Regimes scheitern können.

„Mich hat der Teufelsdreck, der sich Nationalsozialismus nennt, den Hass gelehrt. Zum ersten Mal in meinem Leben den wirklichen, tiefen, unauslöschlichen, tödlichen Hass." [2], dies waren die Worte von Thomas Mann am 08. November 1945 in London. Thomas Mann war ein deutscher Autor und Erzähler, der Anfang der 30er Jahre die Deutschen vor die Gefahr des Faschismus warnte. Das Zitat zeigt, dass er hasserfüllt war und sich dem Staat widersetzte indem er Radiosendungen, den „Deutschen Hörer" produzierte.

Trotz des Engagements gegen den Nationalsozialismus den die beiden Autoren zeigen, gab es doch nur sehr wenige, die sich gegen das NS-Regime auflehnten, das heißt nicht, dass viele mit dem System zufrieden waren. Ein großer Teil wurde von der SA (Sturmabteilung) und der SS (Schutzstaffel) eingeschüchtert und leisteten, wenn überhaupt nur passiven Widerstand. Viele fassten aber den Mut und riskierten ihr Leben, um aktiv gegen Judendeportation, Diktatur und Meinungseinschränkung zu protestieren.

Im folgenden Referat möchten wir auf die zahlreichen Widerstandbewegungen gegen das Dritte Reich eingehen, ihre Organisation näher erläutern und deren Einfluss bzw. Erfolge darstellen. Widerstand gegen den Nationalsozialismus – zwischen Leben retten und Leben riskieren.

2. Definition Widerstand:

Grundsätzlich lassen sich zwei Arten von Widerstand erkennen, den aktiven und den passiven. Beide Formen werden von überzeugten Oppositionellen getragen, die entscheidend auf die Meinungsbildung in der Bevölkerung Einfluss nehmen, um so weitere Mitstreiter zu werben. Die Aktionen müssen dabei nicht zwangsläufig immer im gesetzlichen Rahmen liegen, besonders durch gesetzwidrige Aktivitäten lässt sich die Forderung einen erheblichen Nachdruck verleihen.

Der deutsche Historiker und Politwissenschaftler Klaus Schönhoven definierte den Widerstand im Nationalsozialismus wie folgt:

„Widerstand [gegen die NS-Diktatur] ist eine Provokation, welche die Toleranzschwelle des nationalsozialistischen Regimes unter den jeweils gegebenen Umständen bewusst überschreitet mit einer Handlungsperspektive, die auf eine Schädigung oder Liquidation des Herrschaftssystems abzielt.“ [3]

Der passive Widerstand zeichnet sich dadurch aus, dass hier keine Gewalt angewandt wird oder Gesetze gebrochen werden. Er beschreibt keine Handlung im eigentlichen Sinne, sondern vielmehr das Unterlassen bzw. absichtliche verzögerte Ausführung. Am konkreten Beispiel äußert sich der passive Widerstand, indem die Produzenten ihre Arbeit verlangsamen, Defekte vorgetäuscht werden oder durch Abwesenheit sich Arbeitsabläufe in die Länge ziehen.

Das Gegenteil stellt der aktive Widerstand dar, bei dem lautstark und mit Methoden, wie der Demonstration, dem Streik und anderen, eindringlich auf ein Missfallen eingegangen wird. Große Massen mobilisieren sich dabei in der Öffentlichkeit, stellen Forderungen und versuchen sie durchzusetzen, in einigen Fällen wurde dies zur Zeit des Nationalsozialismus in Deutschland auch gewaltsam versucht, wie das Stauffenbergattentat zeigt.

3. Gründe für den Widerstand

Abgesehen von individuellen Abneigungen und differenzierten politischen Überzeugungen, gibt es eine Vielzahl von Gründen, die alle Widerstandsaktivisten teilen. Allem voran steht die Forderung zur freien Meinungsäußerung, damit verbunden zur Pressefreiheit, die zur Zeit des Nationalsozialismus nicht bestand, im Gegenteil, sämtliche veröffentlichen Werke und Zeitschriften unterlagen einer strengen Zensur. Darunter fielen beispielsweise kommunistische, pazifistische, jüdische und andere regimekritische Druckerzeugnisse. Viel schlimmer als die Abschaffung der eigenen freien Meinung ist das Aufzwängen der Meinung des Regimes und damit verbunden die Verbreitung der NS-Ideologie. Die vermehrte Kontrolle des Staates ist ein weiterer Grund für den Widerstand, da man sich zu jeder Zeit von Staatsspitzeln, sowie Trupps der SA und SS beobachtet fühlte. Zudem engagierten sich viele Bürger freiwillig für die Rettung der Juden. Diese Menschen bewiesen ein hohes Maß an Humanität und ziviler Courage. Das bekannteste Beispiel ist der Fall der Anne Frank. Diejenigen, die die nationalsozialistische Bewegung nicht mittragen konnten, bzw. nicht mittragen wollten, waren auch strikt gegen die Kriegspolitik, die Nazideutschland offensichtlich verfolgte, die mit dem Einmarsch ins Ruhrgebiet deutlich wurde bzw. mit der Ausrichtung der Wirtschaft auf einen Krieg.

Eine Widerstandsbewegung, die einheitlich gegen die Nationalsozialisten kämpfte gab es dabei nicht, da der Kampf gegen das Regime durch unterschiedliche Motive und auf unterschiedliche Weisen bestritten wurde.

4. Widerstand im Alltag

Im Alltag gab es nur wenige Fälle, in denen echte Zivilcourage gezeigt wurde, sich Menschen dem Regime widersetzen oder verweigerten. Der häufigste Widerstand war der Widerstand durch Abwesenheit oder durch verzögerte Ausführung der Anordnung oder sogar das Nichtbefolgen. Bestes Beispiel war die Abwesenheit einiger Professoren bei den Bücherverbrennungen im Mai 1933.

Es gab Eltern, die ihre Kinder davon abhielten in die HJ einzutreten, dabei hatte dies natürlich Konsequenzen: Den Eltern drohten hohe Geld- und Haftstrafen und den Kindern drohte die Nichtzulassung für bestimmte Berufe, Schulen und Betriebe. Sie durften keine Ehrenämter bekleiden und waren sozial geächtet.

Es gab Soldaten, die sich weigerten an Kriegsverbrechen teilzunehmen, Menschen, die aus Ehrfurcht vor dem Leben und aus Abscheu gegen den Nationalsozialismus Juden und Zwangsarbeiter bei sich versteckten und versorgten, und Gefängnisbeamte, die, um Häftlinge vor dem Abtransport zu bewahren Akten „verlegten", und somit den Prozess verlangsamten und sabotierten.

5. Kirchlicher Widerstand - Die Bekennende Kirche

Die „Bekennende Kirche" war eine Organisation, die der protestantischen Kirche entsprang und die von Eugen Weschke, Herbert Goltzen und Günter Jacob im September 1933 unter dem Namen „Pfarrernotbund" gegründet wurde. Diese akzeptierten die geplante Gleichschaltung von Lehre und Organisation nicht, damit verbunden auch den Arierparagraph, das heißt, sie setzten sich einer Verbindung der Ideologie des Nationalsozialismus mit der evangelischen Kirche entgegen. Des Weiteren akzeptierten sie die vom Staat eingesetzten Kirchenleiter nicht und wählten die für sie rechtmäßige Kirchenleiter, den Reichsbruderrat, am 20. Oktober 1934 in Berlin-Dahlem. Bekannte Angehörige der Bekennenden Kirche waren Martin Niemöller, der Landesbischof von Württemberg Theophil Wurm (1868-1963) und Dietrich Bonhoeffer. Diese Organisation zerbrach durch ein Kompromiss der Deutschen Christen mit dem gemäßigten Flügel der BK im Frühjahr 1936. Daraufhin wählte der radikale Flügel der BK eine neue Kirchenleitung am 12. März 1936. Im Mai 1936 wurde eine Denkschrift an Hitler verfasst, die die Verhaftung von bekennenden Geistlichen, aber auch die Existenz von Konzentrationslagern, den Terror der Geheimen Staatspolizei und den Antisemitismus anprangerte. 1938 verhalf das „Büro Pfarrer Grüber" mehreren evangelischen Christen mit jüdischer Herkunft zur Flucht. Grüber wurde 1940 verhaftet. Auf Grund mehrerer Publikationen von staatsfeindlichen Schriften im In- und Ausland wurden massiv Anhänger der BK verfolgt und verhaftet.

6. Bürgerlicher Widerstand

6.1. Die Weiße Rose

„Nichts ist eines Kulturvolkes unwürdiger, als sich ohne Widerstand von einer verantwortungslosen und dunklen Trieben ergebenen Herrscherclique regieren zu lassen." [4] (Aus dem 5. Flugblatt der "Weißen Rose"). Die Weiße Rose war eine Widerstandgruppe aus München, die 1942 von Hans Scholl und Alexander Schmorell gegründet wurde und bis Februar 1943 existierte. Diese Gruppe wurde mit Sophie Scholl und Willi Graf erweitert. Sie druckten insgesamt 6 Flugblätter, die zum Widerstand gegen den Nationalsozialismus aufriefen. Die ersten 4 Flugblätter wurden an Intellektuelle im Raum München verschickt. Nach der Zeit an der Front, wurde das fünfte Flugblatt „Aufruf an alle Deutsche!" ca. 6000-9000 Mal vervielfältigt und vom 27. bis 29. Januar 1943 in mehreren süddeutschen und österreichischen Städten verteilt. Nach Protesten gegen die Rede von Gauleiter Paul Giesler wurde das sechste Flugblatt „Kommilitoninnen" gedruckt, gelangte über Skandinavien nach England, wurde dort vervielfältigt und wurden mit britischen Flugzeugen über Deutschland abgeworfen. Im Februar verteilten die Geschwister Scholl mehrere Flugblätter in München. Die übrigen wollten sie in der Münchener Universität verteilen. Jedoch wurden sie entdeckt, verhaftet und am 22. Februar wegen „Vorbereitung zum Hochverrat" zum Tode verurteilt.

6.2. Georg Elsner: Attentat im Bürgerbräukeller

Mit dem Tod Hitlers, so glaubte der schwäbische Tischler Georg Elsner (1903 – 1945), würde der Krieg sein Ende finden, seine Kinder würden wieder seine sein, nicht mehr die der HJ, und er würde mehr Gehalt bekommen. Daraufhin bereitete er am 08. November 1939 im Münchener Bürgerbräukeller, in dem der nationalsozialistische Putschversuch vom 09. November 1923 stattfand, eine Zeitbombe vor. 30 Tage lang höhlte er einen Pfeiler aus, in dem er die Bombe versteckte. Die Bombe explodierte um 21:20, tötete 8 Menschen und verletzte 63. Hitler hatte wegen des schlechten Wetters seine Rede verkürzt und ist 13 Minuten vor der Detonation abgereist. Elsner wurde an der schweizer Grenze verhaftet und am 05. April 1945 im KZ Dachau ermordet.

6.3. Die Gruppe Baum

Die Gruppe Baum war eine Gruppierung von jüdischen Männern und Frauen um Herbert Baum, die am 18. Mai 1942 einen Brandanschlag auf eine antikommunistische Propagandaausstellung namens „Das Sowjetparadies" verübte. Jedoch richtete der Anschlag nicht viel Schaden an. 2 Mitglieder konnten fliehen, die anderen wurden verhaftet und in KZ's gebracht. Herbert Baum selbst starb entweder durch die Auswirkungen der Folter oder durch Suizid. Als Vergeltungsaktion wurden 500 Juden von den Nazis am 28./29. Mai verhaftet, die Hälfte von ihnen sofort erschossen, die andere Hälfte ins KZ gesteckt.

6.4. Die Rote Kapelle

Als Rote Kapelle werden linksintellektuelle Widerstandbewegungen in Form von unverbundenen Gruppen bezeichnet, die mit der Sowjetunion und dem westlichen Ausland korrespondieren. Bekannt geworden sind diese Gruppen 1936 durch den Familienkreis von Harro Schulze-Boysen und von Arvid von Harnack. Der Name wurde von der Funkabwehr der Wehrmacht geprägt und war ein Sammelbegriff für Gruppen, die Funkkontakt zur Sowjetunion hegten, diese Gruppen agierten meist ohne eine Absprache untereinander. Anhänger dieser Verbände waren Intellektuelle, Beamte, Offiziere, Journalisten, Künstler, Arbeiter und Akademiker, jedoch waren nicht alle Kommunisten. Diese arbeiteten mit der Sowjetunion zusammen und leisteten Spionagearbeiten. Man wollte Europa vor dem Faschismus bzw. dessen Ausbreitung retten. Die Gruppen veröffentlichen mehrere Schriften, wie z.B. „Die innere Front" oder „Die Agis-Schriften", aber auch kleine Klebezettel mit regimefeindlichem Inhalt. Des Weiteren halfen sie Verfolgten und schleusten sie ins Ausland, sammelten Informationen über geheime Kriegspläne, sowie Bild, Film und Tonmaterial über Verbrechen der Nazis und der Wehrmacht. Sie riefen zur Gehorsamkeitsverweigerung auf und knüpften Kontakte zu verschiedenen ausländischen Nachrichtendiensten, wie z.B. nach Brüssel oder Paris, auch eine mögliche Nachkriegsordnung wurde entwickelt. Hauptverdienst dieser Gruppen war die Spionage in verschiedenen Bereichen und die Berichterstattung an die Sowjets, bei der vor geplante Anschläge und Übergriffe gewarnt wurde. Bis Ende 1942 wurden 57 Mitglieder verhaftet und zum Tode verurteilt.

6.5. Solf-Kreis

Um Hanna Solf, die Frau des 1936 gestorbenen Botschafters Wilhelm Heinrich Solf, bildete sich zunehmend eine lockere Gruppe von Gleichgesinnten und bekannten Persönlichkeiten, die aus menschlichen Gründen die Idee des Nationalsozialismus ablehnten. Man traf sich bei den sogenannten Teegesellschaften in der Berliner Wohnung von Hanna Solf. Es trafen sich dort Leute, wie z.B. der Diplomat Dr. Otto Kiep, der Legationsrat Hilger van Scherpenberg und Karl Ludwig Freiherr von Guttenberg, welcher der Herausgeber der katholischen Zeitschrift "Weiße Blätter" war. Hier wurden aber keine Attentate geplant, sondern man tauschte lediglich seine Abneigungen gegen den Nationalsozialismus aus. Die Gruppe pflegte auch Kontakte zu anderen Anti-Hitler-Gruppen, wie z.B. dem Kreisauer Kreis oder der Uhrig-Römer-Gruppe. Am 10. September 1943 schleuste man ein Gestapo Spitzel in den Solf-Kreis ein. Die meisten Mitglieder wurden verhaftet und hingerichtet.

6.6. Kreisauer Kreis

Als Kreisauer Kreis wurde die bürgerliche Widerstandgruppe um Helmuth James Graf von Moltke und Peter Graf Yorck von Wartenburg bezeichnet, die 1940 auf dem Gut von Graf von Moltke in Kreisau bei Scheinitz (Schlesien) gegründet wurde. In eben diesem Kreis trafen sich Persönlichkeiten aus den verschiedensten Bereichen, wie z.b. aus dem Bürgertum, dem Adel, Katholizismus und Protestantismus, bekanntester Anhänger war Berthold Graf Schenk von Stauffenberg. Diese entwarfen eine Neuordnung des Staates nach dem Zusammenbruch des nationalsozialistischen Regimes, dabei arbeiteten sie nicht nur auf die Neuordnung im politischen Bereich hin, sondern auch im geistigen und gesellschaftlichen. Der Staat sollte auf Basis überschaubarer Selbstverwaltungseinheiten aufgebaut werden. Man strebte den im Nationalsozialismus unerwünschten Individualismus an (im Gegensatz zum nationalsozialistischen Kollektivismus), nun soll der einzelne wieder im Mittelpunkt stehen, der aktiv am politischen Geschehen teil nehmen sollte. Alle Ideen waren mit sozialistischem Gedankengut geprägt, denn Hauptziel war es auch die Gegensätze zwischen den einzelnen Gesellschaftsschichten zu beseitigen. Man wollte Deutschland wieder in Europa eingliedern, Deutschland als Teil einer europäischen Union. Moltke ging mit seinen Überlegungen sogar so weit, dass die bestehenden Nationalstaaten nun nicht-souveräne Verwaltungseinheiten in einem neuen gesamteuropäischen Bundesstaat darstellen sollten. Im Januar 1944 wurde Moltke verhaftet, da nun die treibende Kraft fehlte, musste York die meiste Arbeit auf sich nehmen. Viele Mitglieder des Kreisauer Kreises schlossen sich der Gruppe um Stauffenberg an und waren später auch aktiv am Attentat gegen Hitler beteiligt. Die meisten, darunter auch York und Moltke wurden zum Tode verurteilt.

6.7. Goerdeler Kreis

„Das deutsche Volk muss und wird sich selbst von einem System befreien, das unter dem Schutz des Terrors ungeheuerliche Verbrechen begeht und Recht, Ehre und Freiheit des deutschen Volkes zerstört hat." [5] C.F. Goerdeler, Mai 1943.

Carl Goerdeler war von 1930 bis zum 01.April 1937 Oberbürgermeister von Leipzig. Er scharte ebenso wie Moltke Oppositionelle aus den verschiedensten Bereichen um sich, wie z.B. Gewerkschaftler, Offiziere und Mitglieder der „Bekennenden Kirche". Man plante einen Staatsstreich, deshalb pflegte man auch mit dem auswärtigen Amt und dem Militär Kontakt, wie z.B. General Ludwig Beck. Goerdeler plante die Erschaffung eines konservativen Rechtsstaates und wollte das Amt des Reichskanzlers übernehmen. Er wollte den Krieg sofort beenden, mit den Alliierten Frieden schließen und die NS-Verbrecher gerichtlich verfolgen. Er erstellte Verfassungspläne und Ministerlisten und zum Thema Juden brachte er das Konzept des „Judenstaates in Kanada" vor. Juden, die schon lange mit Deutschland verwurzelt waren sollten bleiben, die, die erst neu dazugekommen sind, sollten abgeschoben werden. Eine andere Auslegung seiner Worte meint, dass er den Juden einen eigenen jüdischen Staat anvertraut. Es sollte ein Rechtsstaat gebildet werden, der innenpolitisch die Idee des Eigentums und der Sozialpflichtigkeit wahrt und außenpolitisch unter den Mächten Europas eine führende Rolle spielt. Nacht der Erlassung eines Haftbefehles, floh er in seine westpreußische Heimat. Dort wurde er erkannt und verraten. Nach mehrmaliger Verhandlungsverschiebung wurde er am 02. Februar 1945 zum Tode verurteilt und enthauptet.

7. Widerstand der Jugend - Edelweißpiraten

Die Edelweißpiraten sind Gruppen von Jugendlichen, die 1938/39 entstanden sind und die sich dem Massencharakter und der Uniformität der HJ entsagten und nach jugendlicher Selbstbestimmung strebten. Auch die Mädchen wollten sich nicht in die Frau- und Mutterrolle der Nationalsozialisten drängen lassen. Sie widersetzten dadurch, dass sie die Uniformität und den Kollektivismus ablehnten, Flüchtlingen halfen, Angriffe auf HJ-Funktionäre vollzogen und Flugblattaktionen starteten, mit kurzen, aber eindeutig prägnanten Texten:

„Kinder müssen kommen in den Krieg
Räder müssen rollen für den Sieg
Köpfe müssen rollen nach dem Krieg"[6]

und direkt darunter:

„Ihr könnt mich nicht, wenn ich nicht will!"[6]

Oder auch: *„So braun wie Scheiße, so braun ist Köln. Wacht endlich auf!"*[6]

8. Militärischer Widerstand

8.1. Das Umfeld von Wilhelm Canaris

Am 18. Oktober 1939 gründete das Oberkommando der Wehrmacht eine neue Amtteilung, das „Amt Ausland/Abwehr", mit dessen Leitung der Admiral Wilhelm Canaris beauftragt wurde. Sein Aufgabenfeld bestand darin, sämtliche Erkundungen, Spionagen zu planen, sowie sie gegebenenfalls abzuwehren.

Canaris bewies bereits im ersten Weltkrieg sein Können auf dem Kleinkreuzer SMS Bremen, von dessen Kapitän er vielversprechend gelobt wurde: *„Er ist von kleiner Figur, sehr bescheiden und zurückhaltend, so daß man einige Zeit braucht, ihn kennen zu lernen. Sehr tüchtig und gewissenhaft. Er verspricht, ein guter Offizier zu werden, sobald er etwas mehr Zuversicht und Selbstvertrauen bekommen hat."* [7] Am 24. Oktober 1916 erhielt er das Eiserne Kreuz erster Klasse für einen Einsatz in Spanien. Der Leiter der U-Bootschule stellte im Fazit fest: *„Eignet sich besonders gut als Kommandant eines großen U-Bootes bzw. U-Kreuzers."* [8]

Während der Weimarer Republik diente er im Freikorps, bis zur Machtergreifung der Nationalsozialisten. Bis zum Ausbruch des Krieges 1939 stand er im engen Kontakt zu Hitler und war fest mit der Ideologie verbunden. *„Wer ein wirklich guter Soldat ist, der wird auch ein guter Nationalsozialist sein."* [9]

Danach jedoch wechselte er unbemerkt die Seiten, indem er nun gegen Hitler operierte. Er unterstützte Mitarbeiter seines Amtes, welche Kontakte zu Alliierten aufbauten. Zu seinem engsten Umfeld zählten General Hans Osters und der Jurist Hans von Dohnanyi, der zudem im Reichsgerichtsrat saß.

Oster warnte beispielsweise 1939/40 mehrmals die holländische Regierung vor einem Angriff Nazi-Deutschlands, Dohnanyi sowie dessen Schwager, Theologe Dietrich Bonhoeffer, versuchten 1942 vergeblich über den anglikanischen Bischof von Chichester George Bell mit der Regierung in Kontakt zu kommen. Canaris war darüber hinaus auch an der Organisation des Attentats vom 20.Juli 1944 beteiligt (auch bekannt als: Stauffenberg-Attentat), indem er sich um den Sprengstoff und lautlose Zünder kümmerte.

Die vier Widerstandskämpfer wurden am 9.April 1945 im Konzentrationslager Flossenbürg gehängt. Die letzen Worte von Canaris waren: *"Ich sterbe für mein Vaterland, ich habe ein reines Gewissen."* [10]Es zeigt deutlich, dass seine Loyalität Deutschland, nicht Nazi-Deutschland, gebührt.

8.2. Widerstand im Offizierskorps

Kern dieser Widerstandbewegung bildete die Generäle Ludwig Beck und Hans Oster. Beck war bereits früh mit dem Militär verbunden und stieg schnell auf. Er begann in der preußischen Armee und wurde im Ersten Weltkrieg 1916 sogar erster Generalstaboffizier der Reichswehr. Er stand zusammen mit Hitler im Zeugenstand von September bis Oktober 1930 vor dem Reichgericht in Leipzig, beim sogenannten Ulmer Reichswehr Prozess, in dem sie sich zur Beeinflussung der Soldaten im Sinne der NSDAP durch 3 Militärs (Leutnants Ludin und Scheringer, sowie Oberleutnant Wendt) aussagen mussten.

1933 wurde er zum Chef des Truppenamtes im Reichswehrministerium befördert, und 1935 zum Generalstabschef des Heeres. Am 5. November 1937 trafen sich die führenden Befehlshaber zusammen mit Hitler, wo dieser seine Pläne zum Krieg an der Ostfront darlegte. Hitler plante einen schnellen Überfall auf die Tschechoslowakei. Beck kritisierte ihn scharf, zwar war er einer Expansion nicht grundlegend abgeneigt, doch äußerte er deutlich Bedenken, dass mit einem Krieg gegen den Osten, sich auch die Westmächte involvieren und diesen beistehen, womit Deutschland in einen Zwei-Frontenkrieg geriete. Daher plädierte Beck für eine Mitbeteiligung des Militärs bei Kriegsrelevanten Entscheidungen. 1938 gewann er die Generäle zur Einigkeit, dass wenn Hitler weiterhin auf einen Krieg dränge, sie geschlossen zurücktreten würden. Sie waren sich einig, ein Expansions- oder Eroberungskrieg wäre zu diesem Zeitpunkt eine Katastrophe. Hitler äußerte sich im engen Vertrautenkreis über Beck: *„Der Mann wäre imstande, etwas zu unternehmen."* [11]

Beck legte sein Amt am 18. August 1938 nieder und lebte zurückgezogen in Berlin. Von dort aus unterstützte er viele Widerstandsbewegungen, wie den Goerdeler oder auch den Kreisauer Kreis, indem sie sich bei ihren Treffen koordinieren konnten. Nach dem Attentat vom 20. Juli 1944 wurde Beck von SS-Trupps festgenommen und erschossen, nachdem er die Möglichkeit zur Selbsttötung verweigerte.

8.3. Der 20. Juli 1944 – Das Stauffenbergattentat

Am Donnerstagmorgen, dem 20. Juli 1944, erreicht Oberst Claus Graf Schenk von Stauffenberg das Führerhauptquartier Wolfsschanze bei Rastenburg (Ostpreußen). Gegen Mittag sollten sich die Generäle zusammen mit Hitler in der Lagebaracke zur Besprechung über die Kriegssituation treffen. Doch dieses wurde unerwartet vorverlegt, da Hitler noch mit Benito Mussolini sprechen wollte, so kam der akribisch durchdachte Plan ins Schwanken. Stauffenberg gab vor, er würde schwitzen und müsse sein Hemd wechseln. Er bereitete gerade die erste Bombe vor, die mittels eines chemischen Zünders einen Bolzen auf ein Zündhütchen fallen lassen sollte, als plötzlich Oberfeldwebel Werner Vogel in das Zimmer stürmte, um ihn zur Eile zu ermahnen. Stauffenberg schaffte es nur eine 1kg C1 Plastiksprengstoffbombe scharf zu machen und in seiner Aktetasche zu verstecken. Er ging zurück an den Besprechungstisch, platzierte die Bombe darunter, unweit von Hitler, und verlies den Raum nur wenige Minuten später unter dem Vorwand, er habe einen wichtigen Anruf aus Berlin erhalten. Um 12.42 Uhr detoniert die Bombe. 24 Personen waren anwesend, 4 starben an den Folgen kurz danach, die anderen kamen mit leichteren Verletzungen davon. Die massive Tischplatte fing einen großen Teil der Wucht ab, zudem lehnten sich die 4 Opfer über den Tisch, um Truppen zu koordinieren. Stauffenberg und seine Unterstützer gingen auch nicht davon aus, dass die 1kg sich im Raum verlieren würden und so die Wirkung verhältnismäßig niedrig bleibt. Aus diesem Attentat nahm Hitler neue Zuversicht, dass man ihn, den Führer des deutschen Volkes, nicht töten könne, und interpretierte sein Überleben als Zeichen des „Vorsehung". Schon am darauffolgenden Abend sprach er im Rundfunk über das Attentat: *„Eine ganz kleine Clique ehrgeiziger, gewissenloser und zugleich verbrecherischer dummer Offiziere hat ein Komplott geschmiedet"* [12]

Stauffenberg konnte zusammen mit seinem Adjutanten Haeften fliehen, und flog zurück nach Berlin, in der vollen Überzeugung, Hitler sei tot. Die Wehrmacht sollte in bereits wichtige Dienststellen eingedrungen sein und unter dem Codewort „Walküre" erkennbar sein, auch die geplante Besetzung des Reichfunks fand nicht statt. Viele Beteiligten waren verunsichert, da einerseits kaum Informationen durchdrangen über den Erfolg bzw. Misserfolg Stauffenbergs und andererseits hieß es schon kurz nach dem Anschlag, Hitler ist am Leben. General Karl-Heinrich von Stülpnagel besetzte plangemäß die SS-Kasernen in Paris. Er nahm insgesamt 1200 Mitglieder der SS, SD (Sicherheitsdienst des Reichführers) und Gestapo fest, und wollte so den Widerstand in den besetzten Ländern antreiben und die Nazis zurücktreiben. Am 21. Juli 1944 wurde er von dem OKW nach Berlin zitiert. Stülpnagel versuchte sich zu erschießen, erblindete aber dabei. Am 30. August 1944 wurde er vom Volksgericht zum Tode verurteilt und noch am selben Tag hingerichtet. Er wurde vom Oberbefehlshaber West, Generalfeldmarschall Günther von Kluge verraten, den er zuvor vergeblich zur Unterstützung beim Putsch anwarb.

Kurz nach Mitternacht wurden die Putschisten im Berliner Bendlerblock festgenommen, vom Standgericht unter Generaloberst Friedrich Fromm zum Tode verurteilt und hingerichtet. Gegen 1 Uhr nachts erreichte ein Sendefahrzeug der Reichs-Rundfunk-Gesellschaft die Wolfsschanze, von der aus Hitler an die Bevölkerung sprach: *„Diesmal wird so abgerechnet, wie wir das als Nationalsozialisten gewohnt sind"* [13]

Am 2. August wurde der sogenannte Ehrenhof der Wehrmacht errichtet, welcher beteiligte Offiziere ausfindig machen und sie aus der Armee ausschließen sollte. Den Vorsitz bei den Schauprozessen, bei denen die Angeklagten massiv gedemütigt und beleidigt wurden, führte Roland Freisler. Als bekannt wurde, das „Wüstenfuchs" Erwin Rommel mit beteiligt war, legte man ihm na sich selbst zu töten, worauf er sich am 14. Oktober selbst vergiftete. Um die Verwicklung des Volkshelden geheim zu halten, ordnete Hitler persönlich ein Staatsbegräbnis an.

9. Widerstand in den besetzten Gebieten

9.1. Polen:

In Polen gründeten sich zahlreiche Organisationen, wie die „polnische Heimatarmee" oder „Bauernbataillone", die insgesamt über 300.000 Männer und Frauen zählte. In vielen Partisanenaktionen versuchten sie vergeblich die deutsche Wehrmacht zurückzudrängen, nachdem sie schnell erkannten, dass ihre Armee allein chancenlos war. Vom 1. August bis 2. Oktober 1944 dauerte der Warschauer Aufstand, in dem die Heimatarmee die polnische Hauptstadt aus eigener Kraft zurückerobern wollte. Auch Aufstände in den Ghettos von Warschau wurden weder von eigenen noch von ausländischen Verbänden unterstützt, sodass die stationieren deutschen Soldaten leicht tausende Polen gefangen nehmen und erschießen konnten.

9.2. Dänemark:

Dänemark wurde ebenfalls schnell und unkompliziert eingenommen. Zwar wehrte sich die Bevölkerung vehement, doch erzielten auch bewaffnete Aufstände keine Besserung der Situation. Dadurch griffen sie zu anderen Mitteln, indem sie sich nun selbst untereinander halfen und eine beispiellose Solidaritätsaktion begann. Am 1. Oktober 1943 sollten fast 9.000 Juden deportiert werden. Aber man versteckte sie und örtliche Fischer brachten sie nach Schweden in Sicherheit, sodass knapp 8.000 Juden gerettet werden konnten.

9.3. Frankreich:

Bereits 1940 bildete sich eine koordinierte Streitmacht in der französischen Bevölkerung, die „Forces francaises libres" (dt: Freie französische Streitkräfte) unter Charles de Gaulle.

Der Staatssekretär im Verteidigungsministerium und Kabinettsmitglied De Gaulle floh nach London, um den Deutschen nicht in die Hände zu fallen. Am 18. Juni 1940 um 19.00 sprach er über BBC an das französische Volk die berühmte Rede „Appel du 18 juin": *„Ich, General de Gaulle, zur Zeit in London, rufe auf:*

die französischen Offiziere und Soldaten, die sich derzeit auf britischem Boden befinden oder dorthin kommen werden, mit ihren oder ohne ihre Waffen;

sowie Ingenieure und Facharbeiter der Waffenindustrie, die sich derzeit auf britischem Boden befinden oder dorthin kommen werden;

sich mit mir in Verbindung zu setzen. Was auch immer geschehen mag, die Flamme des französischen Widerstands (Résistance) darf nicht erlöschen und sie wird nicht erlöschen." [14] Am 24. September gründet de Gaulle eine Exilregierung, das „*Comité national français*" (deutsch: Französisches Nationalkomitee).

Die „Resistance" operierte hauptsächlich im Untergrund und war für die Informationsbeschaffung hinter den feindlichen Linien verantwortlich. Ihr Hauptquartier wechselte ständig, um nicht ausfindig gemacht werden zu können. Zudem wurden sie bei ihren Aktionen von den Alliierten (z.B. USA, Großbritannien) unterstützt.

10. Resümee

Abschließend ist zu sagen, dass viele sich zwar mit dem Regime arrangieren konnten, einige wenige es stillschweigend hinnahmen und nur eine geringe Anzahl von Leuten brachte den Mut auf, sich gegen ein ganzes Volk aufzulehnen. Den Nazis ist es gelungen die Massen auf ihre Seite zu ziehen, sie an sich zu binden und zu geistlosen Sklaven ihrer Ideologie machten. Nur Personen, wie Sophie Scholl, Claus von Stauffenberg, Georg Elsner, Carl Goerdeler, Wilhelm Canaris, u.a. unterlagen nicht der Demagogie. Aktiv versuchten sie gegen die NS-Diktatur zu protestieren, Juden zu retten und einen Krieg, der unzählige Menschenleben kosten sollte, zu verhindern. Leider gelang es diesen mutigen Menschen nicht die Pläne Hitlers aufzuhalten, stattdessen ließen sie dafür heroisch ihr Leben. Auch wenn es für sie keinen Erfolg gab, so war es doch ein Erfolg für die Menschlichkeit.

11. Quellen

http://www.dhm.de/lemo/html/nazi/innenpolitik/bekennende/
http://www.dieterwunderlich.de/widerstand_nationalsozialismus.htm
http://de.wikipedia.org/wiki/Widerstand_gegen_den_Nationalsozialismus
http://www.bpb.de/publikationen/IDN9WE,3,0,Widerstand_traditioneller_Eliten.ht
ml
Kursbuch Geschichte, 1. Auflage, 2001 Cornelsen Verlag / Volk und Wissen
Verlag, Berlin
ISBN: 3-464-64298-4
Informationen zur politischen Bildung (Heft 243): Deutscher Widerstand 1933-
1945, Neudruck 2004, Bonn; Best.Nr.:4243
http://www.shoahproject.org/widerstand/kids/shkids4.htm
http://www.br-online.de/wissen-
bildung/collegeradio/medien/geschichte/hitlerjugend/fragen_antworten/ueberblick.
shtml

---

[1] Zitat aus Heinrich Heines Tragödie „Almansor" (1821, erschienen 1823)
de.wikipedia.org/wiki/B%C3%BCcherverbrennung#Heinrich-Heine-Zitat
[2] Zitat aus Thomas Manns Erklärung vom 8. November 1945 in BBC London
www.quotez.net/german/nationalsozialismus.htm
[3] Zitat von Klaus Schönhoven
de.wikipedia.org/wiki/Widerstand_gegen_den_Nationalsozialismus#Definition_von_.E2.80.9EWiderstand.E2.80.9
C_w.C3.A4hrend_des_Nationalsozialismus
[4] Zitat aus einem Flugblatt der „Weißen Rose" www.bpb.de/themen/ZGSY8R,0,0,Flugblatt_I.html
[5] Positionspapier für die britische Regierung, 19./20. Mai 1943, zitiert nach: Gillmann u. Mommsen, S.945
de.wikipedia.org/wiki/Carl_Friedrich_Goerdeler#Widerstand_im_Krieg
[6] de.wikipedia.org/wiki/Edelwei%C3%9Fpiraten#Aktionen_des_Widerstandes
[7] de.wikipedia.org/wiki/Wilhelm_Canaris#Marinezeit_bis_zum_Ersten_Weltkrieg_.281905.E2.80.931914.29
[8] de.wikipedia.org/wiki/Wilhelm_Canaris#Erster_Weltkrieg_.281914.E2.80.931918.29
[9] de.wikipedia.org/wiki/Wilhelm_Canaris#Im_Banne_Hitlers_.281933.E2.80.931937.29
[10] www.zitate-
portal.com/ergebnisliste_popup.php?g_autorid=7229&PHPSESSID=9cc03be6355a86292a571dcbe73fed0b
[11] Vgl. Kurt Sendtner: Die deutsche Militäropposition im ersten Kriegsjahr. S. 441.
de.wikipedia.org/wiki/Ludwig_Beck_(General)#Generalstabschef_des_Heeres
[12]
de.wikiquote.org/wiki/Claus_Schenk_Graf_von_Stauffenberg#Zitate_mit_Bezug_auf_Claus_Schenk_Graf_von_Sta
uffenberg bzw. Rede Himmlers vor den Gauleitern in Posen am 3. August 1944. Abgedruckt in: Vierteljahrshefte
für Zeitgeschichte. München 4/1953, S. 357–394.
[13] de.wikipedia.org/wiki/Attentat_vom_20._Juli_1944#Der_Tag_des_Attentats_und_seine_Folgen
[14] de.wikipedia.org/wiki/Forces_fran%C3%A7aises_libres#De_Gaulles_.E2.80.9EAppell_des_18._Juni.E2.80.9C